Le 30 Juillet 1899

RÉPUBLIQUE FRANÇAISE

LIBERTÉ — ÉGALITÉ — FRATERNITÉ

VILLE DE PARIS

LES FÊTES de la Municipalité de Paris

FÊTE de L'ADOLESCENCE

PARIS
SOCIÉTÉ FRANÇAISE D'ÉDITION D'ART
9-11, RUE SAINT-BENOÎT, 9-11

FÊTE
DE
L'ADOLESCENCE

FÊTE
DE
L'ADOLESCENCE

OFFERTE PAR LA

Municipalité de Paris

AUX ŒUVRES POST-SCOLAIRES LAIQUES

LE DIMANCHE 30 JUILLET 1899

AU BOIS DE BOULOGNE

PARIS

LIBRAIRIE FRANÇAISE D'ÉDITIONS D'ART

11, RUE SAINT-BENOIT, 11

1899

BUREAU

DU

CONSEIL MUNICIPAL DE PARIS

(Élu à l'ouverture de la première session ordinaire de 1899, le 1er mars.)

PRÉSIDENT :

    M. Louis LUCIPIA.

VICE-PRÉSIDENTS :

    MM. John LABUSQUIÈRE.

    Adrien VEBER.

SECRÉTAIRES :

    MM. DESPLAS.

    Paul VIVIEN.

    Le GRANDAIS.

    Arthur ROZIER.

SYNDIC :

    M. Léopold BELLAN.

ADMINISTRATION

DE

LA VILLE DE PARIS & DU DÉPARTEMENT DE LA SEINE

Préfet de la Seine. . . . . M. de SELVES.
Secrétaire général de la Préfecture de la Seine M. BRUMAN.

Préfet de Police. . . . . M. LÉPINE.
Secrétaire général de la Préfecture de Police . M. LAURENT.

SERVICES ADMINISTRATIFS

Directeur des Finances . . . . M. FICHET.
— de l'Enseignement primaire. . . M. BEDOREZ.
— de l'Assistance publique. . . . . M. NAPIAS.
— de l'Octroi. . . . . M. DELCAMP.
— du Mont-de-Piété. . . . . M. DUVAL.
— des Affaires municipales. . . . . M. MENANT.
— des Affaires départementales . . M. LE ROUX.
— des Travaux d'Ingénieurs . . . . M. DEFRANCE.
— des Travaux d'Architecture . . . M. BOUVARD.
— du Personnel. . . . . M. QUENNEC.
— du Cabinet . . . . M. HYÉRARD.

SERVICES TECHNIQUES

Directeur des Eaux et de l'Assainissement M. BECHMANN.
— de la Voie publique . . . . M. BOREUX.

SECRÉTARIAT DU CONSEIL MUNICIPAL

Chef de Service. . . . . M. F.-X. PAOLETTI.

FÊTE
DE
L'ADOLESCENCE

I

Le dimanche, 30 Juillet 1899, la Municipalité de Paris a offert au bois de Boulogne, en l'honneur des Patronages laïques, des Associations d'Instituteurs et d'Institutrices pour l'éducation et le patronage de la Jeunesse, des Sociétés amicales d'anciens élèves des écoles municipales de la Ville de Paris, une grande fête, qui a été justement dénommée *la Fête de l'Adolescence*.

Depuis quelque temps déjà, le Conseil municipal de Paris recherchait une occasion de manifester sa haute sympathie aux diverses œuvres post-scolaires qui, selon l'expression d'un éminent philosophe, M. Alfred Fouillée, se consacrent « à constituer fortement et systématiquement la seconde éducation du peuple, de laquelle, à vrai dire, tout dépend ».

Il n'avait pas été possible d'organiser plus tôt cette grande réunion; mais à la suite de la célébration du quatre-vingtième anniversaire de la naissance de M. le Dr Perrin, qui s'est si noblement voué à la tâche de l'éducation des jeunes gens sortant des écoles communales, M. Paul Viguier déposa, au nom de plusieurs de ses collègues et au sien, la proposition suivante :

« LE CONSEIL,

« Vu l'intention exprimée par le Conseil de transformer les anciens bals de l'Hôtel de Ville en diverses fêtes présentant des caractères variables ;

« Considérant que l'éducation par les fêtes mérite toute la sollicitude du Conseil municipal de Paris, et que celle qui intéresse les efforts post-scolaires est la plus intéressante de toutes;

« DÉLIBÈRE :

« Une fête de l'adolescence sera donnée par la ville de Paris à l'Hôtel de Ville à une date prochaine et dans des conditions à déterminer en mettant à profit les appels faits à toutes les sociétés post-scolaires par la Ligue de l'enseignement.

« Signé : Paul Viguier, Clairin, Lampué, Ranson, L. Achille, Beurdeley, Sauton, Thuillier, Navarre, Le Breton, Félicien Paris, Vorbe, Le Grandais, Hattat. »

Cette proposition, renvoyée le 20 Mars 1899 à l'examen du Bureau, fut accueillie très favorablement par lui. Il chargea M. Léopold Bellan, Syndic, de préparer, de concert avec M. Bouvard, Directeur des Services d'architecture et Commissaire général des fêtes de la Ville, et avec la collaboration de M. Désiré Sehé, délégué de la ligue de l'Enseignement et représentant des Associations, Sociétés et Patronages, cette fête offerte par la Ville de Paris aux promoteurs et aux participants des œuvres laïques d'instruction et d'éducation post-scolaires.

Une première difficulté consistait à choisir un emplacement susceptible de recevoir les enfants ou les jeunes gens, délégués par les Sociétés et Associations, qui, avec leurs parents et les représentants des œuvres d'éducation, devaient

Plan du Pré Catelan

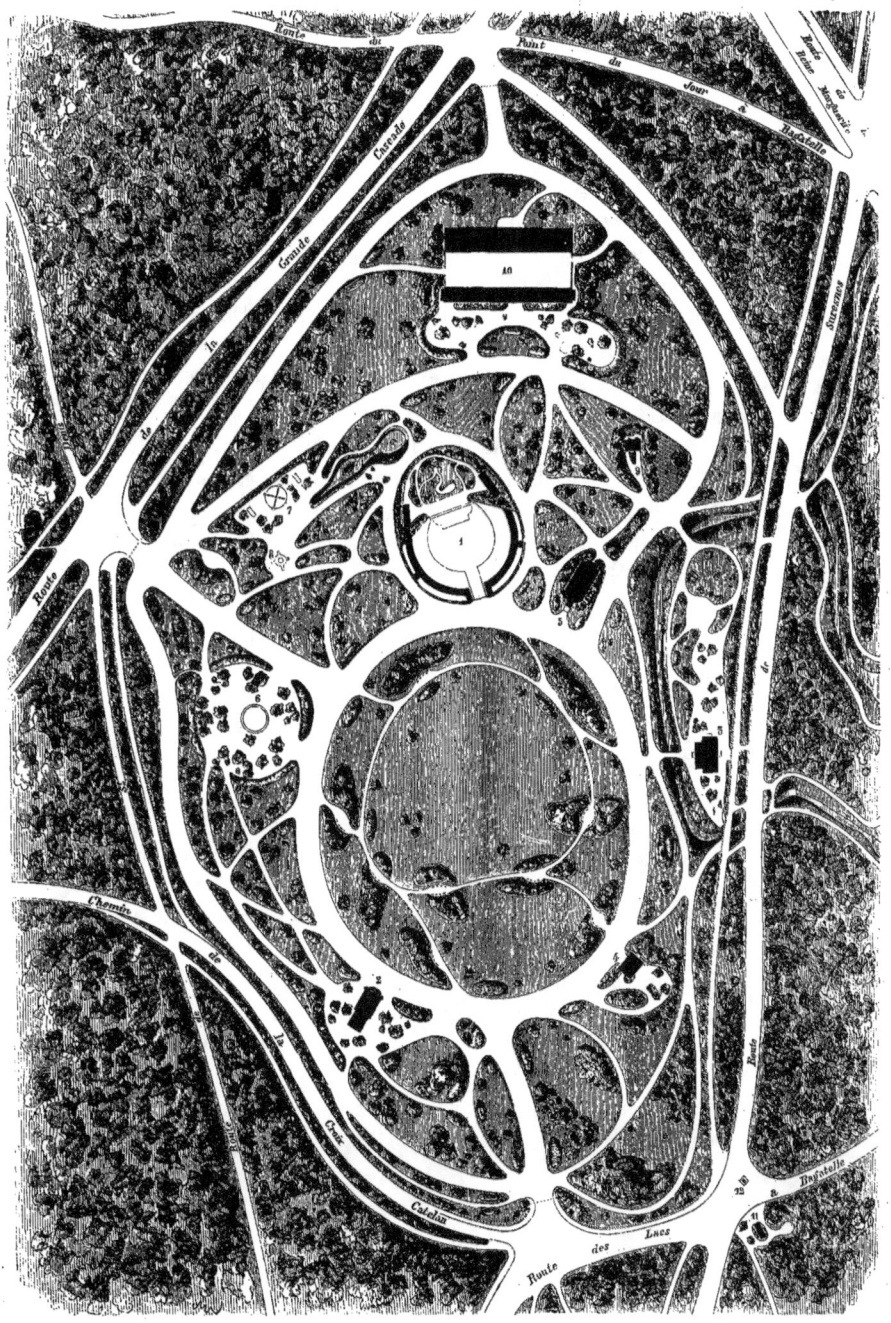

ÉCHELLE DE 0,0005 PAR MÈTRE.

former une foule d'environ 18.000 à 20.000 personnes. On ne pouvait songer à recevoir, en été, cette foule dans les salons de l'Hôtel de Ville.

Le Bureau du Conseil municipal s'arrêta à l'idée d'une fête en plein air et, après avoir recherché le meilleur des emplacements, finit par adopter le Pré-Catelan, au Bois de Boulogne, sur la proposition de MM. Bouvard, Directeur et Formigé, Architecte des Promenades et plantations.

L'emplacement choisi se prêtait merveilleusement à une fête de cette nature.

Un peu délaissé et délabré, il fut en huit jours mis en état de recevoir confortablement les nombreux invités de la Municipalité et peut-être cette fête de l'Adolescence marquera-t-elle, pour cette partie charmante du bois de Boulogne, un retour vers son ancienne vogue.

Voici la description que donne de l'ancien Pré-Catelan de 1860, dans son livre sur les *Promenades de Paris*, M. Alphand qui en fut le créateur inspiré :

« Les principaux établissements du jardin du Pré-Catelan, successivement élevés par les concessionnaires sur les plans des agents de l'administration, comme le jardin lui-même, comprennent : 1° La salle de Concert, 2° Le buffet, 3° La brasserie, 4° La photographie, 5° Le théâtre de magie, 6° Le théâtre des fleurs, 7° La laiterie, 8° Les cabinets, 9° La pisciculture. La salle de Concert se compose, au centre, d'un pavillon recouvert d'une tente élégante, pour recevoir l'orchestre, puis de trois lignes circulaires de marronniers, le tout entouré par des massifs d'arbustes à feuilles persistantes au second plan, et de fleurs variant suivant les saisons, au premier plan.

« L'orchestre, élevé à un mètre au-dessus du sol, et auquel on accède par quatre escaliers, est entouré d'une magnifique corbeille d'hortensias.

« Le buffet est formé d'une grande salle élevée de un mètre au-dessus du sol et d'un sous-sol contenant les cuisines. Il est construit en briques et en bois découpé, et couvert en tuiles, comme les autres constructions du bois de Boulogne, il est entouré d'une garenne plantée d'arbres, dans laquelle on peut placer un grand nombre de tables.

« La brasserie est un bâtiment plus spacieux que le buffet. Elle est située entre le ruisseau et un pont à escalier. Elle est construite également en briques et en bois découpé. Elle est formée d'un sous-sol contenant les laboratoires et les caves, et d'un rez-de-chaussée, élevé de quatre marches, comprenant les salles de Consommation.

« Une magnifique futaie de chênes sous lesquels on place des tables pour les consommateurs, et dont une partie sert de salle de danse pour les bals d'enfants qui se donnent au Pré-Catelan, entoure la brasserie sur trois de ses faces principales.

« Le bâtiment destiné primitivement à un établissement de photographie, et qui renferme aujourd'hui une collection très remarquable de colibris, est construit dans le même style que le buffet et la brasserie. La façade du Nord donne sur une cour assez étendue, limitée par des massifs d'arbustes, et qui devait recevoir les chevaux de luxe et les équipages à photographier.

« Le théâtre de magie est un petit bâtiment en bois et en tuiles, comprenant une salle pour des spectacles de prestidigitation et de marionnettes, et un assez vaste amphithéâtre pour les spectateurs.

« Le théâtre des fleurs a été l'une des créations les plus heureuses du Pré-Catelan: Il est formé d'une enceinte de loges encadrées par des corbeilles de fleurs et d'arbustes à feuilles persistantes, qui, sans cacher à ceux qui s'y trouvent la vue de la salle, les enveloppent, pour ainsi dire, dans les fleurs et dans la verdure. Cette enceinte se déploie autour d'un vaste amphithéâtre à pente douce, qui peut contenir dix-huit cents spectateurs assis sur des chaises de jardin. Au pied de l'amphithéâtre, en contre-bas du sol, est établi l'orchestre, dissimulé dans une corbeille d'arbustes à feuilles persistantes.

« De nombreux candélabres, disposés dans les massifs qui séparent les loges de l'amphithéâtre, éclairent brillamment la salle. La scène surélevée et formée d'un plancher, comme dans les théâtres ordinaires, est accompagnée d'un jardin accidenté, comprenant une pelouse, une pièce d'eau, des rochers, des cascades et des grottes ; le tout garni de volumineux massifs de fleurs et d'arbustes à feuilles persistantes, et terminé par de grands arbres, dont le feuillage se relie à ceux de la forêt, de manière à donner à la scène comme un fond sans limites. Des escaliers, des sentiers, et des grottes, ménagées sous le jardin, fournissent les entrées nécessaires aux acteurs et aux corps de ballet qui donnent des représentations sur ce théâtre féerique, éclairé par des rampes avec réflecteurs dissimulés dans les massifs d'arbustes et de fleurs.

« La laiterie est une vaste cour, entourée latéralement de deux grands bâtiments élevés d'un étage, et fermée, à ses deux extrémités, par des murs percés au milieu d'une porte charretière. Ces bâtiments avaient été destinés d'abord à former des logements pour le personnel du Pré-Catelan, un vaste restaurant et des remises et des écuries pour les équipages des personnes qui venaient aux fêtes. Les écuries étant restées sans emploi ont été transformées en étables. Elles contiennent cent vaches laitières, laiterie qui approvisionne plusieurs quartiers de Paris, indépendamment de la vente au détail, qui se fait sous les ombrages qui entourent les bâtiments.

« L'ensemble du jardin et des constructions du Pré-Catelan y compris les élégantes entrées en bois découpé établies sur les routes des lacs et de la grande cascade, a coûté environ 800 000 francs.

« Le Pré-Catelan a été l'objet de fortunes diverses. Ouvert dans le courant de l'année 1856, il a eu d'abord un immense succès, dû à l'heureuse disposition du jardin, à la richesse et au bon goût de sa décoration florale, à la bonne tenue de ses établissements ainsi qu'au choix de son orchestre. Ce succès s'est maintenu et même développé en 1857 par suite de l'ouverture du théâtre des fleurs, et des charmants spectacles de ballet qui y étaient représentés.

« Mais à partir de 1858, l'énormité des frais qu'entraînaient les spectacles de nuit, et l'incertitude des recettes, occasionnée par les variations de température, ont conduit rapidement l'entreprise à sa ruine. L'administration municipale a dû, par arrêté du 27 mars 1861, déposséder les concessionnaires qui ne remplissaient aucune des clauses de l'arrêté de concession, et rentrer en possession du Pré-Catelan. Depuis il est accordé au fermier des herbages du bois de Boulogne une concession particulière pour la laiterie. Le reste est livré au public comme les autres parties du bois. »

Ce cadre merveilleux permettait à la Municipalité d'organiser la fête avec tout l'éclat qu'elle tenait à lui donner.

M. Bouvard chargea M. Formigé d'édifier quelques tribunes dans les jardins, de remettre autant que possible en état le Théâtre des Fleurs, qu'un velum improvisé garantirait des ardeurs du soleil et d'aménager un vaste emplacement pour le défilé des Sociétés et les exercices de gymnastique que certains patronages se proposaient d'exécuter.

La fête fut fixée au dimanche 30 juillet 1899 et le Bureau du Conseil Municipal pria M. le Ministre de l'Instruction publique d'y assister.

M. Léopold Bellan, syndic du Conseil municipal, avisa immédiatement les Sociétés de patronage et d'éducation populaire de la décision prise par le Bureau de cette assemblée.

Plan du Théâtre des Fleurs
AU PRÉ CATELAN

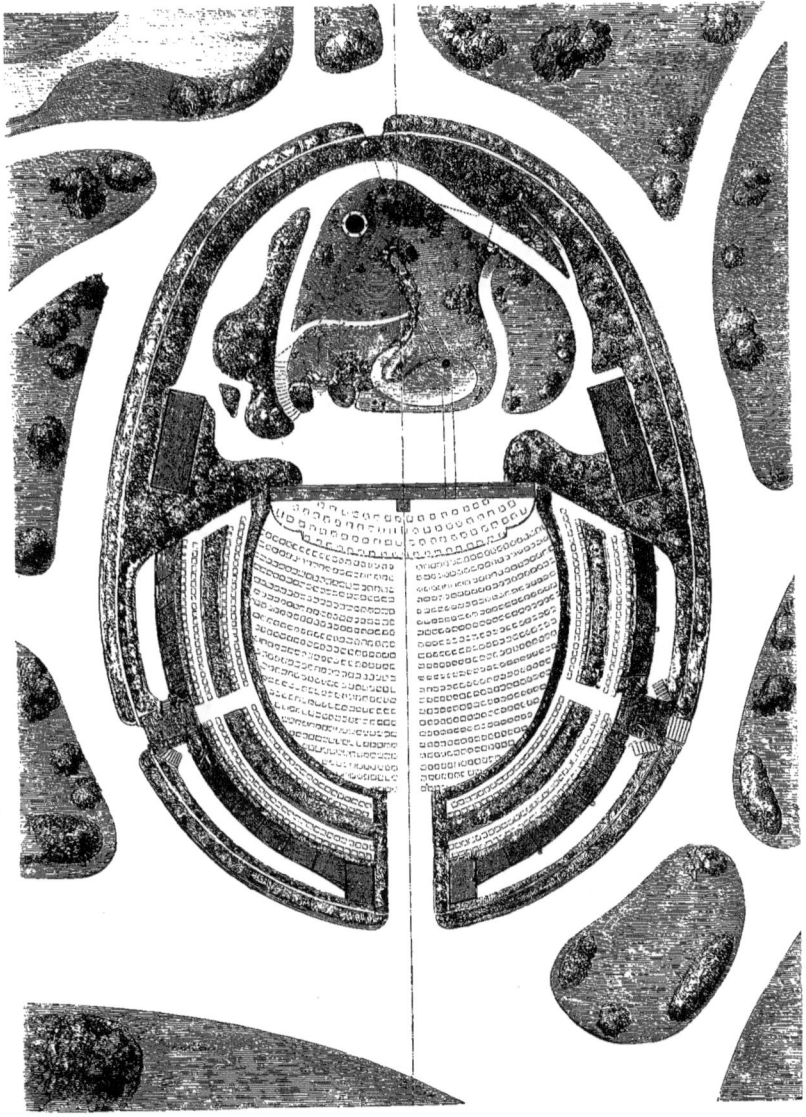

ÉCHELLE DE 0.0025 PAR MÈTRE

Par lettre en date du 19 juillet, il portait à leur connaissance que la Municipalité organisait pour le dimanche 30 juillet, au Pré-Catelan, une fête de l'adolescence à laquelle étaient conviées les sociétés post-scolaires de la ville de Paris, et qu'elle serait heureuse de recevoir leur adhésion. Il priait, en outre, les présidents de vouloir bien assister, ou se faire représenter, à une réunion spéciale qui aurait lieu le 21 juillet, à 8 heures 1/2 du soir, salle des Prévôts, à l'Hôtel de Ville.

Cette réunion fut présidée par M. Léopold Bellan, assisté de M. Sehé, et de M. Édouard Petit, inspecteur général au Ministère de l'Instruction publique.

Une seconde réunion fut tenue le 28 juillet.

Les Sociétés et patronages représentés furent les suivants :

JEUNES FILLES

Association des anciennes Élèves de l'École de Filles, 27, rue de la Sourdière.
Association amicale des anciennes Élèves de l'École de jeunes Filles, 35, rue des Bourdonnais.
La Paquerette, 15, rue de l'Arbre-Sec.
Patronage de jeunes Filles, 75, boulevard de Belleville.
Anciennes Élèves de l'École de la rue du Général Foy.
La Violette du 11e arrondissement, 38, rue Trousseau.
Société des anciennes Élèves de l'École, 140, rue Broca.
Patronage laïque de jeunes Filles du 13e arrondissement, 48, rue Jenner.
Association amicale des anciennes Élèves de l'École de Filles, 8, rue Daviel.
Association des anciennes Élèves de l'École de Filles, 208, avenue de Versailles.
Association des anciennes Élèves de l'École de jeunes Filles, 224, rue Saint-Denis.
Union amicale des Élèves de l'École de jeunes Filles, 3, rue de Belzunce.
Patronage laïque d'Enseignement populaire, Section n° 1, 21, rue de Sambre-et-Meuse.
Association amicale et Patronage de l'École, 17, rue de Reuilly.
Association amicale des anciennes Élèves de l'École, 49, rue de Charenton.
Société des anciennes Élèves de l'École, 3, rue d'Aligre.
Association amicale des anciennes Élèves de l'École de jeunes Filles, 5, impasse Jean-Bouton.

Anciennes Élèves de l'École de jeunes Filles, 52, rue de Wattignies.
Patronage laïque du 14ᵉ arrondissement (Section de jeunes Filles), Mairie du 14ᵉ arrondissement.
Société amicale des anciennes Élèves du Cours complémentaire de l'École, 46, rue Corbon.
Association amicale des anciennes Élèves de l'École, 28, rue Dombasle.
Association amicale des anciennes Élèves de l'École, 13, rue des Volontaires.
Anciennes Élèves de l'École, rue Violet.
Patronage des Élèves et anciennes Élèves de l'École, 12, rue Fourcroy.
Association amicale de l'École de jeunes Filles, 221, boulevard Péreire.
Association amicale Antoinette, 7, rue Antoinette.
Les Amis de l'Adolescence (Patronage de Filles), 12, impasse d'Oran.
La Primevère du 20ᵉ arrondissement, 13, rue Sorbier.
Union familiale du 10ᵉ arrondissement, Mairie du 10ᵉ arrondissement.

JEUNES GENS

Association amicale des anciens Élèves de l'École de l'impasse des Bourdonnais.
Association amicale des anciens Élèves de l'École de l'impasse des Provençaux.
Association amicale et Patronage, 77, boulevard de Belleville.
Société amicale des anciens Élèves du passage de la Bonne-Graine, 38, rue Trousseau.
Société des anciens Élèves des Cours de Dessin de la rue Titon, 12.
Association amicale et Patronage de l'École communale, 3, rue Morand.
Association de l'École Servan, rue Servan.
Association amicale des anciens Élèves des Écoles de la place Jeanne d'Arc, 30.
Patronage laïque de la Maison-Blanche, 10, rue Daviel.
Association amicale des anciens Élèves de l'École, 53, rue Baudricourt.
Patronage laïque du quartier de la Gare, 33, place Jeanne-d'Arc.
Association amicale des anciens Élèves des Écoles de la rue du Ranelagh.
Association amicale des anciens Élèves de l'École, 21, rue Hamelin.
Association amicale de l'École annexe d'Auteuil, 23, rue Boileau.
Association amicale des anciens Élèves de l'École, 20, rue Étienne-Marcel.
Patronage laïque du 2ᵉ arrondissement, 221, rue Saint-Denis.
Anciens Élèves de l'École de la rue de la Jussienne.
Association amicale des anciens Élèves de l'École, 44, rue des Jeuneurs.
Anciens Élèves de l'École, 1, rue de Franche-Comté.
Association amicale des anciens Élèves de l'École de la rue Bourg-l'Abbé, 10 bis.
Association amicale des anciens Élèves de l'École, 1, rue Béranger.
Anciens Élèves de l'École, 4, rue Aumaire.
Association amicale des anciens Élèves de l'École communale, 54, rue de Turenne.
Association amicale des anciens Élèves de l'École, 6, place des Vosges.
Patronage laïque du 5ᵉ arrondissement, 8, rue des Feuillantines.

Association amicale des Élèves de l'École de la rue de l'Arbalète et Patronage, 39 bis, rue de l'Arbalète.
Anciens Élèves de l'École de la rue des Fossés-Saint-Jacques.
Anciens Élèves de l'École de la rue des Feuillantines.
Anciens Élèves de l'École de la rue Rollin.
Association amicale du quartier Saint-Victor, 21, rue de Pontoise.
Patronage Moral du 6ᵉ arrondissement, 5, rue Madame.
Société amicale des anciens Élèves de l'École, 12, rue Saint-Benoît.
Anciens Élèves de l'École, 10, avenue de la Motte-Piquet.
Association amicale des anciens Élèves de l'École, 1, rue Camou.
Association amicale des anciens Élèves de l'École, 35, rue Milton.
Association amicale des anciens Élèves de l'École, 9, rue Blanche.
Société amicale des anciens Élèves de l'École de la rue Grange-aux-Belles.
Patronage laïque du 10ᵉ.
Association amicale des anciens Élèves des classes du jour et des Élèves des cours du soir de l'École, 5, rue d'Aligre.
Patronage du boulevard Diderot, 40, boulevard Diderot.
Association amicale des anciens Élèves de l'École, 4, rue de Pomard.
Société amicale des Élèves de l'École, 74, rue de Reuilly.
Les Amis de l'Étude, 51, rue de Charenton.
La Jeunesse de Reuilly, 57, rue de Reuilly.
Association amicale des anciens Élèves de l'École, 8, rue Brodu.
Société amicale des anciens Élèves du cours complémentaire, 46, rue Boulard.
Société amicale des anciens Élèves de l'École, 132, rue d'Alésia.
Association amicale des anciens Élèves de l'École communale, 93, rue d'Alésia.
Association amicale des anciens Élèves de l'École communale, rue Desprez, 6. rue Ducange, 1.
Patronage du quartier Croulebarbe, 30, boulevard Arago.
Patronage laïque du 14ᵉ arrondissement (Section de garçons), Mairie du 14ᵉ arrondissement.
Association et Patronage de l'École, 10, rue Saint-Lambert.
Association amicale des anciens Élèves de la place Dupleix, 21.
Association des anciens Élèves de l'École, 20, rue des Fourneaux.
Patronage des anciens Élèves de l'École, 22, rue Dombasle.
Association d'anciens Élèves de l'École, 35, rue Amiral Roussin.
Anciens Élèves de l'École du boulevard Montparnasse.
Société amicale d'anciens Élèves de l'École, 49, rue Blomet.
Association amicale des Maîtres et Élèves anciens et nouveaux de l'École, 42, rue Pouchet.
Association amicale des anciens Élèves de l'École communale, 49, rue Legendre.
Anciens Élèves de l'École de la rue Ampère.
Association amicale des anciens Élèves de l'École, 20, rue des Batignolles.
Amicale Balagny, 40, rue Balagny.
Les Amis de l'Adolescence, 10, impasse d'Oran.
Société amicale des anciens Élèves de l'École, 1, rue Foyatier.
Anciens Élèves de l'École, 1, rue Lavieuville.

Association amicale des anciens Élèves de la rue du Retrait, 293, rue des Pyrénées.
Association amicale des anciens Élèves de l'École, 26, rue Henri-Chevreau.
Association amicale des anciens Élèves de l'École, 3, rue Vitruve.
Association amicale des Élèves des classes du jour et du soir de l'École, 15, rue Sorbier.
Les Amis de l'École laïque, 11, rue de la Plaine.
Association des anciens Élèves. — Ligue anti-alcoolique de Charonne, 40, rue des Pyrénées.
La Jeunesse de Saint-Fargeau, 166, rue Pelleport.
Les Excursionnistes du Mont-Aventin, 104, rue de Belleville.
Association amicale des anciens Élèves de l'École communale, 84, rue de la Mare.

ÉCOLES MUNICIPALES SUPÉRIEURES

Associations amicales d'anciens Élèves des Écoles Turgot, Estienne, Arago, Colbert, Germain-Pilon et Bernard-Palissy, et de l'École supérieure de jeunes Filles Sophie-Germain.

GROUPE SPÉCIAL

Association des Instituteurs pour l'Éducation et le Patronage de la jeunesse

Sections de jeunes filles : rue Huyghens, 67, rue Bolivar et rue Corbon.
Sections de jeunes gens : rue du Pré-Saint-Gervais, 69, rue Bolivar, rue Tandou, rue d'Allemagne, Symphonie du 19e arrondissement, rue Ramponeau, rue Julien-Lacroix, rue de Tlemcen, rue Corbon, rue Fessart, avenue Labourdonnais, rue de Marseille, rue Japy, rue Saint-Sébastien, rue Godefroy-Cavaignac, impasse Saint-Sébastien, boulevard de Belleville, rue Huyghens, rue de Passy et rue des Poissonniers.

Toutes les Sociétés reçurent le questionnaire définitif suivant, qu'elles devaient retourner à M. BELLAN, Syndic du Conseil Municipal à l'Hôtel de Ville.

Nom de la Société:

Siège social:

Nombre exact de personnes conduisant les Sociétaires:

id. des Membres actifs prenant part au défilé:

EXERCICES PHYSIQUES		PARTIE ARTISTIQUE					
NATURE DES EXERCICES	Nombre d'exécutants	PROGRAMME	Nom du sociétaire.	Références. Titres du sociétaire	Titre du morceau exécuté	Nom de l'auteur.
Boxe d'ensemble.		Chansonnette.				
Bâton d'ensemble.		Opéra.				
Escrime d'ensemble.		Récit.				
Spéciaux sans engins.		Monologue.				
Spéciaux avec engins.		Solo de piston.				
Pyramides.		Solo de flûte ou clarinette.				
Poses plastiques.		Solo de mandoline.				
Luttes diverses.		Solo de violon.				
Jeux spéciaux.		Chœur d'ensemble.	...exécutants			
Ballet.		Musique d'ensemble.	...exécutants			
		Accompagnateur au piano.				

Dispositions générales.

Exercices physiques: Chaque Société ne pourra produire qu'un seul des exercices de la colonne 1. La durée de cette production ne devra pas dépasser 5 minutes.

Partie artistique: Aucun chœur, récit, solo, morceau de musique, etc., ne devra durer plus de 5 minutes.

En même temps qu'elles recevaient ce questionnaire, les Sociétés étaient avisées que le plan du terrain et les cartes d'entrée leur seraient envoyés avec les instructions définitives.

Ces instructions, élaborées par M. Bellan, syndic, d'accord avec M. Bouvard et M. Sehé, furent des plus minutieuses. Les intéressés en reçurent connaissance par la circulaire suivante :

INSTRUCTIONS

Formation.

A leur arrivée, les Sociétés iront se placer dans l'intérieur du Pré Catelan, entre le pavillon Colibri et la Croix Catelan, à l'emplacement indiqué par les écriteaux.

Défilé.

Le défilé se fera dans l'ordre suivant :

1° — Sociétés de jeunes filles.
2° — Sociétés de jeunes gens.

Dans chaque Société les sociétaires seront placés par quatre de front, précédés des membres du Comité et du fanion.

Présentation des Sociétés.

Les Sociétés se rangeront, sur la pelouse, d'après les indications fournies le jour même.

Exercices physiques.

La présentation terminée, le défilé sortira du terrain et les Sociétés se diviseront en deux parties :

A droite, les Sociétés ne prenant pas part aux exercices.
A gauche, les Sociétés exécutant les exercices.

Les premières se licencieront et les secondes iront prendre place entre le Vélodrome et le Théâtre des fleurs prêtes à manœuvrer.

Les Sociétés exécutant les mouvements à mains libres iront immédiatement au fond du terrain.

Productions.

Les Sociétés passeront dans l'ordre suivant :

1° — Exercices spéciaux sans engins.
2° — Escrime, Canne, Bâton.
3° — Exercices spéciaux avec engins.
4° — Poses plastiques, Jeux, Luttes.
5° — Pyramides.
6° — Ballet.

(5 minutes par Société, divisées en deux parties, savoir : 2 minutes 1/2 au centre du terrain et 2 minutes 1/2 au pied de la tribune.)

Les exercices terminés, la Société sortira à droite.

Les arrêts, changements de place et l'ordre de commencer, seront indiqués par un signal au sifflet.

Partie artistique.

Pendant l'exécution des exercices, sur la pelouse, les sociétaires artistes auront dû prendre leurs dispositions aux théâtres affectés à leur arrondissement pour être prêts à 5 heures.

Les concerts (chœurs et musique) commenceront simultanément aux 3 kiosques à 3 heures 1/2 pour se terminer à 5 heures.

Division des Groupes pour les Théâtres.

1er groupe. — Du 1er au 5me arrondissement inclus.
2me groupe. — Du 6me au 10me arrondissement inclus.
3me groupe. — Du 11me au 13me arrondissement inclus.
4me groupe. — Du 14me au 16me arrondissement inclus.
5me groupe. — 17me et 18me arrondissements.
6me groupe. — 19me et 20me id.

Collation.

Les bons de consommation seront remis aux présidents ou délégués des Sociétés au moment de la formation du défilé.

Les buffets seront ouverts toute l'après-midi, de façon que chaque sociétaire puisse prendre sa collation isolément.

Transports.

Un service de voiture sera établi, au choix des Sociétés :
De la gare de l'Avenue du Bois de Boulogne au Pré-Catelan, de midi à 1 heure 1/2 dernier délai.
De la gare de Passy au Pré-Catelan, de midi à 1 heure 1/2 dernier délai.
Seuls les sociétaires munis de la carte spéciale pourront prendre place dans ces voitures.

Ordre.

Chaque Président ou délégué est seul responsable de la tenue des Membres de sa Société et n'a d'instructions à recevoir que de M. le Commissaire Général.

Enfin le programme de la fête fut ainsi arrêté :

A 2 heures. — Le Conseil municipal se réunira au Pavillon qui lui est réservé. Entrée route de Suresnes.

A 2 h. 1/4. — Cérémonie officielle au Théâtre des Fleurs. Discours.

A 3 heures. — Défilé des Associations Post-Scolaires devant la Tribune d'honneur dressée sur la pelouse du Pré-Catelan. — Présentation des Sociétés et discours du Président du Conseil municipal.

A 3 h. 1/4. — Exercices physiques sur la pelouse et Concerts donnés dans les kiosques par les jeunes gens des Associations Post-Scolaires.

A 4 h. 1/2. — Au Théâtre des Fleurs. — Concert par la musique de la Garde Républicaine avec le concours de différents artistes de Paris.

De 5 h. à 6 h. — Représentations données par les Associations Post-Scolaires dans 6 Théâtres établis à cet effet autour de la pelouse.

II

Favorisée par un temps splendide, la Fête de l'Adolescence, ainsi organisée, a eu lieu le dimanche 30 juillet 1899, de deux heures à sept heures après midi dans les jardins du Pré-Catelan, décorés de mâts pavoisés et dans lesquels des buffets étaient installés en vue de rafraîchir et de restaurer les pupilles des associations et les autres invités de la Ville de Paris.

Plus de douze mille personnes y assistaient outre six mille jeunes gens représentant les Sociétés de patronage.

Le cortège officiel ayant à sa tête M. Georges Leygues, ministre de l'Instruction publique, M. Louis Lucipia, président du Conseil municipal de Paris, et M. de Selves, préfet de la Seine, s'est rendu à deux heures et demie au Théâtre des fleurs, où étaient réunis 3.000 invités.

L'entrée du cortège officiel fut saluée par *la Marseillaise* jouée par l'excellente musique de la Garde républicaine. Celle-ci, dirigée par M. Parès, fit entendre, pendant la cérémonie, les morceaux suivants :

MARCHE GRECQUE	L. Ganne.
CORTÈGE DE BACCHUS	L. Delibes.
VALSE DU ROI DE LAHORE	Massenet.
LE GROGNARD	G. Parès.

M. Georges Leygues prit place sur l'ancienne scène transformée en estrade, ayant à sa droite : M. Louis Lucipia, président du Conseil municipal, M. Lépine, préfet de police, M. Léopold Bellan, syndic du Conseil municipal, M. Clairin, président de la Commission de l'enseignement du Conseil municipal, M. Bruman, secrétaire général de la Préfecture de la Seine ; à sa gauche, M. de Selves, préfet de la Seine, M. Adrien Veber, vice-président du Conseil municipal, M. le docteur Piettre, président du Conseil général, M. Laurent, secrétaire général de la Préfecture de police, et M. Paul Viguier, membre du Conseil municipal et auteur de la proposition qui fit organiser la fête.

MM. Brenot, Bernier, Louis Mill, Charles Vaudet, conseillers municipaux, M. Bayet, directeur de l'Enseignement primaire au ministère de l'Instruction publique, M. Bedorez, directeur de l'Enseignement primaire à la Préfecture de la Seine, M. Bouvard, directeur des services d'Architecture, M. Ed. Petit, inspecteur général au ministère de l'Instruction publique, et plusieurs chefs de service du ministère de l'Instruction publique ainsi que la plupart des hauts fonctionnaires de la Préfecture de la Seine assistaient, sur l'estrade d'honneur, à cette cérémonie, au cours de laquelle ont été prononcés les discours suivants, écoutés avec une grande attention et ponctués de nombreuses marques d'approbation et d'applaudissements :

Discours de M. Louis LUCIPIA

PRÉSIDENT DU CONSEIL MUNICIPAL DE PARIS

Mesdames,

Messieurs,

Le 17 décembre dernier, nous fêtions joyeusement le 80e anniversaire du docteur Perrin, président-fondateur du plus ancien patronage laïque d'apprentis de Paris.
C'était dans le 3e arrondissement.
Excusez ce petit mouvement de fierté, le président du Conseil municipal de Paris ne peut oublier qu'il est l'un des élus du 3e arrondissement.

A cette fête de la reconnaissance — il ne s'agissait pas de marquer une date, mais de célébrer une longue suite d'années de dévouement — assistait M. Edouard Petit, inspecteur général de l'Instruction publique, un des apôtres des œuvres post-scolaires.

Après nous avoir donné des renseignements précieux, que je reprendrai plus tard, M. Edouard Petit disait :

« Pourquoi le premier patronage laïque de France ne prendrait-il pas l'initiative d'une fête de l'adolescence ? On dit que le peuple a besoin de fêtes ; cette année même, nous avons célébré la fête de Michelet, pourquoi n'aurions-nous pas la fête de l'adolescence laïque ? Elle pourrait avoir lieu à Paris, aux Tuileries, ou à Vincennes ; d'ailleurs le Conseil municipal trouvera certainement un emplacement.

« La chose eût été difficile il y a quatorze ans, puisque vous n'étiez pas encore nés, mais aujourd'hui il y a à Paris 120 ou 130 associations de patronages laïques, comprenant de 15 à 20,000 jeunes gens.

« Pourquoi ne les montrerions-nous pas au peuple de Paris, à leurs frères, à leurs mères ? Pourquoi ne fêterions-nous pas la fête de l'adolescence ouvrière ? »

Cette invitation eut un écho à l'Hôtel de Ville ; notre excellent collègue Paul Viguier déposa une proposition qui, renvoyée au Bureau pour étude, fut, en mai, approuvée par le Conseil municipal.

Aussi bien sommes-nous restés dans la tradition de la Révolution française, à laquelle il faut toujours revenir quoi qu'on veuille. Voyez cette délégation du faubourg Saint-Antoine qui vient à la barre de la Législative demander au Comité de l'Instruction publique de présenter un projet de loi sur l'organisation des fêtes civiques, « car c'est dans ces fêtes, disent les délégués, que règnent l'égalité et la fraternité, et que les ennemis de cette égalité ouvrent enfin les yeux à la raison ». L'Assemblée fut de cet avis, car elle ordonna l'impression de l'adresse.

Dans son *Plan d'éducation nationale*, présenté à la Convention au Comité de l'Instruction publique, le 26 juin 1793, Lakanal consacre une notable partie de son travail aux fêtes civiques à organiser dans les cantons, les districts, les départements et au siège même de la représentation nationale.

Il était dit que ces fêtes comprendraient des spectacles variés, de la musique instrumentale, des chants, des récitations poétiques, des discours au nom de l'autorité, des agapes, des danses, des évolutions de gymnastique.

Vous verrez que nous nous sommes peu écartés de ce programme tracé par le maître.

La loi qui assure le bénéfice de l'instruction primaire à tous les enfants, loi républicaine parce qu'égalitaire, commence à porter ses fruits. Sans examiner en ce moment s'il n'aurait pas été possible de marcher plus vite, ne retenons que les résultats indiscutables et félicitons-nous en. C'est l'avancée vers le salut de l'humanité.

Mais il fallait, pour que cette instruction primaire portât ses fruits, que tout ne disparût pas au sortir de l'école. Entre cette enfance finissante et l'âge viril attendu avec impatience, il y avait une longue période à remplir pendant laquelle il faut garder ce qui est acquis et se préparer à acquérir davantage, et surtout à n'être pas surpris à l'entrée réelle dans la vie, au moment où le jeune homme est pour ainsi dire réduit à ses propres forces.

De là toutes les institutions post-scolaires que nous devons à la vigilance et au dévouement d'un grand nombre de citoyens et de citoyennes qui, pour être restés trop souvent des anonymes, n'en méritent pas moins la reconnaissance de la patrie.

Aucun républicain, tant que la paix universelle si désirable ne sera pas assurée, ne refuse de payer l'impôt du sang. Tous les républicains dignes de ce nom veulent que cet impôt soit égal pour tous. Leur est-il défendu de désirer qu'il soit le moins lourd possible pour chacun, et en fin de compte pour la France elle-même ?

Un souhait qui a l'approbation générale, c'est que la durée du service militaire soit réduit au minimum de durée utile. Les objections tomberont lorsque tous les adolescents pourront profiter de l'éducation physique qui se donne dans beaucoup de nos œuvres post-scolaires.

A côté de ce premier résultat, il en est d'autres d'ordre aussi élevé. Ces œuvres que nous fêtons sont des œuvres de solidarité, des œuvres de paix sociale.

Écoutons ce que nous dit le docteur Perrin :

« Si nous voulons mériter les sympathies et la confiance de ces millions de travailleurs qui souffrent en silence, allons à eux, dévouons-nous à leurs enfants et aimons-les comme les nôtres.

« Dans notre démocratie encore pesamment enveloppée des langes du passé, tout progrès social durable doit reposer sur l'éducation des jeunes générations, base de notre relèvement national et industriel.

« Ce sera l'honneur de la République d'avoir déjà fait les plus nobles efforts pour l'accomplissement de cette double et laborieuse tâche. »

Dans nos œuvres post-scolaires laïques n'apprend-on pas le respect qu'on se doit à soi-même et surtout le respect qu'on doit à autrui ?

Dans nos patronages, dans nos merveilleuses petites A, on ne s'inquiète pas d'où vient le camarade qui arrive. On ne veut pas savoir sa race, sa religion, sa profession. On l'accueille parce qu'il demande aux autres ce qu'ils ont, offre d'apporter ce qu'il a.

Dans nos œuvres laïques, les maîtres et les maîtresses n'oublient pas que la nature de l'enfant le soumet à toutes les suggestions et que, si on lui inculque des notions que plus tard il reconnaîtra malfaisantes, il lui faudra faire des efforts énergiques pour se débarrasser, et souvent sa volonté sera insuffisante pour rendre à son cerveau déformé l'organisation normale.

Dans nos œuvres laïques on respecte la conscience naissante de l'adolescent. On se contente de lui indiquer le bien et le mal, le bon et le juste au point de vue humain. On sait que lorsqu'on déforme le cœur et l'esprit de l'enfant, on commet un crime doublé d'une lâcheté.

J'ai promis, il y a quelques instants, d'emprunter à M. Edouard Petit, l'homme de France qui connaît le mieux les institutions post-scolaires, quelques renseignements. Les voici :

« Il y en France 700 patronages laïques qui fonctionnent. Autour de nos écoles laïques sont groupés de 250 à 300,000 adolescents, sans parler des cours du soir, au nombre de 30,000, où 500,000 adolescents vont recevoir l'éducation. »

Ces renseignements ont six mois de date. S'ils étaient mis à jour, nul doute qu'ils donneraient des chiffres encore plus réconfortants.

Je crois que nos patronages rendraient encore plus de services si la loi ne permettait pas de dire que l'enfant de treize ans est bon pour entrer en apprentissage. C'est trop tôt.

Certes, dans notre organisation sociale actuelle, le problème est difficile à résoudre, mais il n'est pas insoluble.

Permettez-moi, Monsieur le Ministre, de m'adresser à vous qui avez tant de souci de la situation de l'enfant, de vous demander d'apporter toute votre volonté pour la réalisation de ce progrès. Il est digne d'un ministre républicain.

Lorsqu'une loi de réforme démocratique est promulguée, nous nous réjouissons, sachant ce qu'il a fallu de ténacité pour atteindre le but, mais nous nous réjouissons plus fort lorsque nous constatons que l'opinion devance la loi.

La Fête de l'adolescence que nous célébrons aujourd'hui marque un triomphe de notre troisième République, triomphe d'autant plus éclatant qu'il n'est pas le résultat d'une prescription impérative de la loi, qu'il est le résultat d'une transformation rassurante des mœurs publiques.

Discours de M. J. DE SELVES

PRÉFET DE LA SEINE

Messieurs,

Le 20 mars dernier, au nom de plusieurs de ses collègues et au sien, M. le conseiller Viguier déposait à la tribune du Conseil municipal une proposition tendant à ce qu'une fête de l'adolescence fût donnée par la ville de Paris.

Les signataires de la proposition étaient, avec M. Paul Viguier, MM. les conseillers Clairin, Lampué, Ranson, L. Achille, Beurdeley, Sauton, Thuillier, Navarre, Le Breton, Félicien Paris, Vorbe, Le Grandais et Hattat.

Je les nomme parce que leur énumération témoigne que dans un même sentiment se réunissaient les nuances les plus diverses de l'opinion républicaine de notre assemblée municipale.

Certes, Messieurs, dans leur proposition il y avait peut-être comme une réminiscence de ces poétiques cérémonies dont la vieille Rome se plaisait à parer ceux qui, revêtant la robe prétexte, entraient dans la période de vie qui précède l'âge du citoyen et contient en elle les espérances de l'avenir.

Il y avait peut-être aussi de leur part, après avoir, dans de brillantes fêtes dont l'Hôtel de Ville est toujours le superbe décor, reçu et salué les éléments divers de la population parisienne, le désir bien naturel d'offrir une fête spéciale à ceux qui, ayant dit adieu aux jeux et aux récompenses de l'enfance, ne sont cependant pas encore à même de goûter ces réjouissances annuelles.

Mais, en outre, et au-dessus de ces mobiles, une autre raison d'ordre plus élevé les inspirait. Dans l'organisation de cette fête, une pensée pleine de sagesse et de philosophie sociale présidait en effet à leur conduite. Ils voulaient, devant tous, mettre en plus éclatante lumière ce que commande de sollicitude et d'appui cordial l'adolescence des enfants du peuple et montrer tout ce qui a été fait dans cet ordre d'idées.

Agir ainsi, n'était-ce pas au surplus rendre un juste hommage à ceux dont le labeur éclairé autant que dévoué avait créé les importants résultats dès maintenant acquis, en même temps que solliciter de nouveaux efforts ?

On peut dire qu'à toutes les époques les civilisations qui se sont succédé, à des degrés divers, ont eu le souci de l'enfance.

Mais cette phase de la vie qui a cessé d'être l'enfance proprement dite, cette période durant laquelle on a plus particulièrement besoin qu'un chaud sentiment de solidarité sociale et d'amour fraternel rapproche de vous ceux qui, plus éclairés et expérimentés, vous peuvent préserver des nombreux dangers semés sous vos pas, où il est utile qu'une main se tende qui vous aide à aborder à cette terre promise du complet développement intellectuel et moral, semble avoir été négligée jusqu'à ces derniers temps.

Dans un rapport du mois de mai 1895, votre ancien collègue M. Bompard disait :

« Sous l'ancien régime, l'apprentissage n'était point fait en faveur des élèves, mais tout au profit des maîtres, dont la préoccupation égoïste était de réserver l'exercice de leur métier à eux-mêmes et à leurs enfants. »

Combien pourtant utile cette protection de l'adolescence pour tous ces fils du peuple, que le travail nécessaire du père et de la mère livre plus complètement à eux seuls, qui, pour tout bagage, possèdent les connaissances insuffisantes que l'école primaire, trop tôt abandonnée, a permis d'acquérir !

Ce n'est pas d'ailleurs l'instruction seule qui est insuffisante et ne les a pas complètement armés pour la vie.

Ils possèdent peut-être moins encore cette éducation qui fait l'âme de l'homme, c'est-à-dire l'homme.

Et qui sait si les éléments qu'ils ont pu en recueillir à l'école ne vont pas eux-mêmes s'envoler au premier souffle des entraînements !

Elle est indispensable, l'éducation qui crée la règle de la vie, c'est-à dire la loi morale, cette hygiène de l'âme.

« La loi morale dont il faut jour à jour distiller goutte à goutte les prescriptions dans l'esprit des enfants, des jeunes hommes et des jeunes filles, les pliant lentement aux habitudes qu'elle impose. »

Cette nécessité avait été entrevue dès 1860; de généreux esprits avaient fondé l'une des plus anciennes sociétés de patronage, la Société pour l'assistance paternelle aux enfants employés dans l'industrie des fleurs et plumes.

En 1883, était fondée la Société de patronage des apprentis du 17ᵉ arrondissement.

En 1885, la Société du patronage laïque d'apprentis et de jeunes employés du 3ᵉ arrondissement.

Toutes ces sociétés, comme celles qui les suivront plus tard, poursuivaient un même but :

Soustraire les jeunes gens aux mauvaises influences, développer leur savoir professionnel, les assister et les placer.

Pour atteindre ce but, on organise des moyens de distraction, on cherche à les instruire.

On cherche souvent à atteindre ce double but par un sûr moyen : promenades, visite de musées, etc.

Mais c'est en 1895 que s'accusa véritablement le mouvement qui devait amener aux superbes résultats dont nous nous réjouissons.

Le 10 juillet de cette année, M. Poincaré, ministre de l'Instruction publique, adressait aux membres des délégations cantonales, des caisses des écoles et des commissions scolaires, une circulaire qui est comme la charte de tous ces patronages, en précise le but et la portée, en dégage la haute philosophie sociale.

La première partie de la circulaire vise plus spécialement les écoles :

« Notre idéal n'est pas d'avoir de belles écoles dirigées par des maîtres instruits. Nous espérons beaucoup plus.

« L'école républicaine n'est pas un établissement isolé, vivant de sa vie propre.

« C'est la première, j'entends à la fois la plus humble et la plus importante des institutions sociales, celle qui prépare, pour nous succéder, de jeunes générations animées de l'esprit patriotique et républicain. C'est une sorte d'atelier national où se forge la France de demain. »

Ayant ainsi parlé de l'école et élevé sa conception jusqu'aux plus pures et plus patriotiques hauteurs, le ministre continue :

« De toutes parts, en France, on demande que l'instruction ne s'arrête pas à la période scolaire obligatoire, qu'un grand effort soit tenté pour donner un lendemain à l'école, que de douze à dix-huit ans l'apprenti et le jeune ouvrier ne soient pas absolument destitués de tout secours intellectuel et moral, mais reçoivent quelque part sous des formes appropriées, encore un peu d'enseignement, encore un peu d'éducation.

« De l'école au régiment s'étend l'âge critique à franchir, celui où l'adolescent n'est plus soutenu par l'école et n'est pas encore armé pour la vie.

« Il n'est pas possible que notre pays se résigne à laisser inachevée une œuvre à laquelle il attache ses plus chères, ses plus patriotiques espérances.

« Nous avons trop fait en faveur de l'enfant pour ne pas y ajouter le strict nécessaire en faveur de l'adolescent. Ce n'est pas un règlement ministériel, c'est un état national qui peut créer cette forme nouvelle de l'éducation républicaine. »

Je n'ai pu résister, Messieurs, au désir de vous citer de longs extraits de cette circulaire, dont le vibrant patriotisme remue les cœurs et dont la portée fut si grande pour la création des œuvres qu'elle évoquait.

Que vous aurais-je dit d'ailleurs qui fût plus instructif et d'aussi haute portée?

Un grand mouvement se produisit dans toute la France en faveur des œuvres auxiliaires et complémentaires de l'école.

Dans le département de la Seine elles se multiplièrent.

Sociétés d'anciens élèves, patronages, mutualités, sociétés de conférences et de lectures populaires surgirent à l'envi et M. l'inspecteur général Petit, dans un rapport au ministre de l'Instruction publique, pouvait dire :

« Toutes les institutions post-scolaires, à mesure qu'elles se développent, se pénètrent et se confondent.

« Œuvres d'enseignement, œuvres sociales, se rejoignent, se tiennent par mille fibres. La classification en souffre, mais les œuvres y gagnent en vitalité. »

Notre réunion en souligne désormais l'importance et en indique le couronnement.

Le Conseil municipal de Paris, ai-je besoin de le dire devant vous qui connaissez ses aspirations de progrès social, avait, dès l'origine, encouragé leur développement de tout son appui moral et financier.

Il a voulu aujourd'hui que dans ces sites ravissants qu'offre le bois de Boulogne, au milieu de la verdure et des fleurs, une grande fête proclamant le succès de l'œuvre des patronages en dit bien haut le mérite et gravât dans le cœur des jeunes gens pour lesquels ils sont faits les sentiments de reconnaissance et de devoir social qu'ils leur doivent inspirer.

Il a voulu que de ces lieux où il a convié la jeunesse s'élevât comme un hymne à la Patrie, hymne de foi et d'espérance.

L'éclat de cette fête vous l'avez rehaussé, Monsieur le Ministre, ainsi que vous tous, Mesdames et Messieurs, qui avez répondu à l'appel de la municipalité.

Au nom de Paris, à mon tour, je vous en remercie !

Allocution prononcée par M. Georges LEYGUES

MINISTRE DE L'INSTRUCTION PUBLIQUE ET DES BEAUX-ARTS

Mesdames, Messieurs,

Je remercie le Conseil Municipal de Paris de m'avoir fait l'honneur de m'inviter à cette fête. J'ai répondu avec empressement à son appel et je n'ai pas eu à me demander si le devoir le commandait. J'ai simplement consulté mon cœur, car j'éprouve toujours la satisfaction la plus vive à me trouver au milieu de la jeunesse.

Le Conseil Municipal, le Conseil Général, les comités du patronage, ont bien fait d'organiser ces réjouissances et de reprendre ainsi la tradition des fêtes civiques créée par nos grands ancêtres de la Révolution. Je suis heureux de les féliciter publiquement de leur généreuse pensée.

L'instruction et l'éducation furent la préoccupation constante des législateurs de 1789. Ces législateurs savaient, en effet, que c'est par l'école seule que l'on éclaire les jugements et que l'on émancipe les esprits.

Assurer à tous un bagage suffisant d'idées précises et de connaissances générales; faire pénétrer dans les cœurs le sentiment de la solidarité humaine; donner à chacun la notion de sa responsabilité et le sentiment que l'intérêt particulier doit être subordonné à l'intérêt général; voilà l'œuvre que doit poursuivre sans se lasser toute société soucieuse de son avenir, tout gouvernement républicain digne de ce nom.

J'ai parlé d'instruction, vous savez tous ce que contient ce mot; vous connaissez sa véritable signification. Instruire, c'est meubler l'esprit; c'est enseigner la science, les lettres, la philosophie, la géographie, l'histoire et l'art. C'est assouplir et fortifier l'intelligence.

Mais j'ai prononcé aussi le mot d'éducation, et l'éducation, c'est le but supérieur! Car éduquer, c'est mieux qu'instruire, puisque c'est former des esprits clairs et résolus, des consciences droites, des caractères.

Tous les hommes vraiment épris de liberté, de progrès et de justice sociale, considèrent avec nous que le devoir le plus pressant d'une démocratie est de former des éducateurs. (*Applaudissements.*)

Instruire n'est pas tout; instruire, en soi, est même peu de chose. Il importe moins de savoir lire que de raisonner juste. L'instruction, l'école la donne, encore ne peut-elle pas la donner toujours complètement; elle est impuissante quand l'élève est devenu apprenti, quand il est sorti des mains du maître pour passer dans les mains du patron.

Il y a une heure, et c'est la plus critique, où l'élève nous échappe. C'est l'heure où n'étant plus enfant et n'étant pas homme, où étant libre déjà, mais faiblement armé contre l'enivrement et les périls de cette liberté par une raison encore hésitante et un jugement incertain, il flotte entre l'école à laquelle il n'appartient plus et la caserne où il n'est pas encore entré.

Ce moment, plein de difficultés et de dangers, est celui où l'adolescent a le plus besoin de conseil et de guide, et c'est celui où il en a le moins.

Vous vous proposez, Messieurs, de préparer et de faciliter cette transition entre la vie scolaire et la vie libre, entre la vie de l'adolescent et la vie du citoyen de demain. Vous voulez être les conseillers et les guides. Vous ne pouviez vous attacher à une œuvre plus utile et plus patriotique, car ici l'intérêt de l'individu et l'intérêt de la collectivité sont intimement liés. En sauvegardant l'un, vous sauvegardez l'autre.

Dans un pays comme le nôtre, qui jouit du régime le plus libéral qu'aucun peuple ait jamais pratiqué, il importe au plus haut point que chaque citoyen ait le sentiment de la part qu'il prend à l'exercice du pouvoir, des dangers que son imprévoyance ou son aveuglement peuvent faire courir au pays.

On apprend très vite à connaître ses droits; on apprend moins vite à connaître ses devoirs. Votre enseignement, les cours que vous avez ouverts, les conférences que vous donnez, tendent précisément à démontrer que l'être humain ne peut vivre retranché dans son indifférence ou son égoïsme; qu'il est obligé, qu'il le veuille ou non, de souffrir ou de jouir de la souffrance ou du bonheur des autres; qu'il a des obligations, non seulement envers les membres de sa famille, mais aussi envers les membres de cette grande famille qu'on appelle la nation.

Les membres de cette grande famille peuvent ne se connaître jamais ; ils vivent très loin les uns des autres ; ils ne sont cependant jamais étrangers les uns pour les autres car il y a une chaîne indissoluble qui les unit, quelle que soit la distance qui les sépare, et qui commande l'unité de leurs efforts et l'union de leurs âmes, c'est leur patrimoine commun de gloires, de deuils et d'espérances. (*Applaudissements.*)

Votre œuvre est encore excellente, Messieurs, parce qu'elle est une œuvre de joie. Vous voulez que la jeunesse soit jeune. Vous voulez qu'il entre dans l'âme des enfants comme un rayon de ce clair soleil qui luit sur nos têtes.

Vous pensez que l'isolement est funeste et que la méfiance est mauvaise conseillère. Vous voulez que l'enfant, même le plus déshérité, ne se sente pas abandonné dans la vie et qu'il se réchauffe dans l'atmosphère de sympathie fraternelle que vous créez autour de lui. Comme vous avez raison ! Une maison sans affection est plus froide qu'un foyer sans feu. Un homme abandonné dans la société est plus seul qu'un voyageur perdu sur l'Océan. (*Vifs applaudissements.*)

Vous avez prononcé, mon cher Président, une parole que j'ai retenue : vous avez dit qu'il fallait associer la nature et l'art dans les fêtes scolaires et patronales. C'est vrai. C'est encore une tradition qui nous vient de nos grands ancêtres du dernier siècle et qui leur venait en droite ligne des philosophes grecs.

Rien n'est plus réconfortant ni plus sain que la contemplation de la nature ou d'une belle œuvre d'art. Il s'en dégage je ne sais quel sentiment de dignité et de puissance qui élève l'homme au-dessus des bas instincts et des passions mauvaises et fait jaillir en lui la source des aspirations généreuses et des nobles ambitions.

A ces spectacles si salutaires, vous joignez les jeux qui développent l'agilité et la force du corps.

Vous complétez ainsi votre œuvre ; vous tendez vers ce que les anciens recherchaient avec tant de passion : une âme libre et fière dans un corps souple et beau.

Quelques-uns ont cru que la liberté suffisait à tout. Vous n'êtes pas de ceux-là. La liberté n'apporte pas le bonheur aux hommes dans les plis de sa robe blanche. Elle procure simplement à chacun d'eux le moyen d'atteindre plus vite l'idéal de vérité, de beauté et de solidarité vers lequel marchent les démocraties. (*Vifs applaudissements.*)

Dans une démocratie, l'État ne peut pas et ne doit pas tout faire.

Sous un gouvernement monarchique, on peut concevoir un homme agissant et prévoyant pour tous les autres hommes. Dans une démocratie, nous devons tous penser, raisonner et agir pour notre bien personnel et en même temps pour le bien de la collectivité. (*Très bien!*)

L'État remplit son devoir dans ses écoles. Au dehors de l'école, il ne peut plus rien ou presque rien et c'est ici que votre action commence et que vous apparaissez comme les continuateurs de l'instituteur et du professeur. Les cours d'adultes, les associations d'anciens élèves, les mutualités scolaires, les conférences, l'enseignement professionnel, ne sont, en effet que le prolongement du lycée, du collège et de la maison où l'enfant a reçu l'enseignement primaire. Votre action est due à l'initiative individuelle; c'est là ce qui la caractérise et ce qui lui donne une portée si grande. L'initiative individuelle a une puissance qu'on ne soupçonne pas encore assez dans notre pays. Il n'est pas de plus admirable instrument de progrès. Trop longtemps on s'est reposé sur l'État du soin de pourvoir à tous les besoins; trop longtemps on s'était accoutumé à croire que l'intervention de l'État était indispensable pour assurer le succès de toute entreprise. Vous réagissez par l'exemple contre cette erreur funeste. Plus les citoyens se fieront à leurs propres forces, plus ils travailleront, plus ils entreprendront sans le concours de l'État, mieux ils assureront leur bien-être, plus ils augmenteront les énergies productives, la puissance économique et l'autorité morale de la nation. (*Très bien!*)

Pour une fête comme celle d'aujourd'hui, on ne pouvait choisir un plus beau cadre. Cette réunion si cordiale d'élèves, de parents, de maîtres et d'amis, cette gaieté répandue dans l'air; cet horizon si pur d'où monte la rumeur joyeuse de la Cité, ces arcs de triomphe, ces trophées où se mêlent les couleurs de la France et les couleurs de Paris, tout cela évoque un sentiment de joie, de fraternité et de confiance sous l'impression duquel je veux que nous restions. (*Très bien!*)

Que cette journée soit donc une journée de paix. Qu'elle efface tout ce qui peut nous diviser. Ne songeons, en présence de cette jeunesse, qu'à ce qui nous unit et séparons-nous avec la volonté plus ferme de faire par l'accord de nos volontés et nos cœurs la Patrie toujours plus prospère, plus puissante et plus grande. (*Applaudissements prolongés.*)

Le cortège officiel quitte ensuite le Théâtre des fleurs pour se rendre dans la tribune dressée à l'extrémité de la vaste pelouse centrale, où un grand rectangle a été formé à l'aide de mâts supportant des oriflammes aux couleurs nationales et aux couleurs de la Ville de Paris.

Les délégations de toutes les associations défilent alors devant le Ministre de l'Instruction publique et la Municipalité de Paris. Chaque groupe est précédé soit de sa bannière soit d'une sorte de trophée indiquant sa qualité. Ce défilé de 6.000 adolescents commence par les associations de jeunes filles et se termine par l'Association des Instituteurs.

M. Léopold Bellan et M. Désiré Sehé présentent au Ministre, au Président du Conseil municipal et au Préfet de la Seine les membres des bureaux des Sociétés d'éducation post-scolaire derrière lequels se sont rangées les délégations.

M. le Président du Conseil municipal leur a adressé l'allocution suivante :

Mes jeunes amis,

C'est avec une joie bien sincère que le Conseil municipal de Paris a organisé pour vous cette fête de l'adolescence.

Il a voulu, comme je le rappelais il y a quelques instants, vous montrer, vous les sages, les laborieux, au peuple de Paris, à vos pères, à vos frères et surtout à vos mères si fières de vous.

Dans une circulaire, datée du 17 ventôse an VII, le ministre de l'Intérieur, parlant précisément des fêtes civiques comme celles dont vous êtes les héros aujourd'hui, disait : « Heureux les jeunes gens pour qui la Révolution s'est faite ! »

Nul plus que vous ne goûte davantage, j'en suis certain, la justesse de cette appréciation.

C'est, en effet, grâce à la semence répandue par la Révolution que vous récoltez des fruits que n'ont pas connus vos devanciers.

C'est en s'inspirant des immortels principes de la Révolution que des femmes de cœur, des hommes de bien, ont créé les œuvres post-scolaires dont vous commencez à bénéficier, et que vous apprécierez encore mieux quand vous serez devenus des hommes.

Vous savez, comme le disait si justement M. Louvel, un de vos maîtres les plus dévoués, « qu'au banquet où est conviée l'adolescence, on sert surtout la bonté, l'affection ».

Tout est là, en effet. Être bon, affectueux, pour rendre la vie facile et faire oublier les épines du chemin.

Je suis sûr que vous savez tout cela, car j'ai entendu l'un de vous dire au vénérable docteur Perrin :

« Soyez persuadé que vos obligés ne sont pas des ingrats, votre bonté leur a ouvert le cœur, ils ont, grâce à elle, su s'élever à ce qui rend l'homme grand, noble et véritablement homme, et qui le porte à l'amour de l'humanité, ils vous en remercient. »

C'est tout ce que nous vous demandons.

Soyez de bons camarades ; plus tard vous serez de bons citoyens.

Le général Dragomiroff définit le bon camarade, dans son « Instruction pour la préparation du cavalier au combat ». Il dit : « Le bon camarade est celui qui s'oublie lui-même pour ne songer qu'à son voisin. »

C'est ainsi que vous serez le bon camarade.

En agissant de cette manière, vous paierez votre dette à l'humanité et vous aurez le droit d'attendre d'elle, dans les circonstances difficiles, le même réconfort, la même protection.

On a dit que la plus grande habileté est la franchise. Disons, en reprenant le mot, que la plus habile façon de satisfaire l'égoïsme, c'est de pratiquer la solidarité : on reçoit toujours plus qu'on ne donne.

III

La fête, favorisée par un temps merveilleux, a ensuite eu lieu à la grande joie de tous les assistants.

Sur la pelouse, après l'exécution des mouvements d'ensemble et d'assouplissement, les jeunes gens des patronages ont fait assaut d'escrime et de boxe, puis ont exécuté différents exercices de gymnastique et de danse.

Dans des kiosques et dans de petites scènes établies sous les ombrages ont été organisées des auditions musicales, des récitations et même de petites représentations théâtrales interprétées par les jeunes pupilles des patronages, applaudis gaiement par leurs camarades et par leurs parents.

Enfin, dans le Théâtre des fleurs la musique de la Garde républicaine a donné, avec le concours d'artistes de l'Opéra et des grands concerts de Paris, un brillant concert dont voici le programme :

PROGRAMME

Du Dimanche 30 Juillet 1899

CONCERT VOCAL & INSTRUMENTAL

DONNÉ PAR LA

MUSIQUE DE LA GARDE RÉPUBLICAINE

AVEC LE CONCOURS DE

Mmes TANESY et GAULEY-TEXIER, MM. CHAMBON et GAUTIER

Sous la direction de M. Gabriel PARÈS

1° OUVERTURE DE GUILLAUME TELL . . . . ROSSINI.
   Musique de la Garde Républicaine.

2° CAVATINE DE LA JUIVE . . . . HALÉVY.
   M. CHAMBON (de l'Opéra).

3° DUO DE LA FAVORITE . . . . DONIZETTI.
   Mme GAULEY-TEXIER (des Concerts Colonne),
   M. GAUTIER (de l'Opéra).

4° FARANDOLE DE L'ARLÉSIENNE . . . . G. BIZET.
   Musique de la Garde Républicaine.

5° { *a* AIR DE ROBERT LE DIABLE . . . . MEYERBEER.
        Mme TANESY.
     b. QUATUOR DE RIGOLETTO . . . . VERDI.
        Mmes TANESY et GAULEY-TEXIER,
        MM. GAUTIER et CHAMBON.

6° MARCHE COSAQUE . . . . G. PARÈS.
   Musique de la Garde Républicaine.

Ce concert eut le plus vif succès.

Toute cette fête charmante, favorisée par un temps exceptionnel, se déroula dans ce cadre merveilleux d'arbres, de fleurs et de lumière à l'unanime satisfaction de tous les invités de la Ville de Paris.

Les jeunes pupilles des patronages étaient venus dans de grands breaks qui allèrent les reconduire à la gare de la Porte Maillot.

A sept heures, après un grand bal champêtre, la Fête de l'Adolescence fut terminée, laissant le meilleur souvenir dans l'esprit de tous ceux, enfants et adultes, qui avaient pu y participer ou y assister.

LISTE

Par ordre d'Arrondissements et de Quartiers

DE MM. LES MEMBRES

DU CONSEIL MUNICIPAL DE PARIS

1ᵉʳ ARRONDISSEMENT.

Quartier Saint-Germain-l'Auxerrois.
Edmond Gibert, ancien négociant, quai de la Mégisserie, 8.
Quartier des Halles.
Alfred Lamouroux, docteur en médecine, rue de Rivoli, 150.
Quartier du Palais-Royal.
Levée, négociant, rue de Rivoli, 176.
Quartier de la Place-Vendôme.
Despatys, ancien magistrat, place Vendôme, 22.

2ᵉ ARRONDISSEMENT.

Quartier Gaillon.
Blachette, représentant de commerce, rue Saint-Augustin, 33.
Quartier Vivienne.
Caron, avocat, ancien agréé, rue Saint-Lazare, 80.
Quartier du Mail.
Léopold Bellan, négociant, rue des Jeûneurs, 30.
Quartier Bonne-Nouvelle.
Rebeillard, joaillier-sertisseur, rue de Palestro, 1.

3ᵉ ARRONDISSEMENT.

Quartier des Arts-et-Métiers.
Blondel, avocat, boulevard Beaumarchais, 93.
Quartier des Enfants-Rouges.
Louis Lucipia, publiciste, rue Béranger, 15.
Quartier des Archives.
L. Achille, ancien négociant, rue du Temple, 178.
Quartier Sainte-Avoye.
Brenot, industriel, rue du Temple, 117.

4ᵉ ARRONDISSEMENT.

Quartier Saint-Merri.
Opportun, ancien commerçant, rue des Archives, 13.
Quartier Saint-Gervais.
Piperaud, ancien chef d'institution, rue du Roi-de-Sicile, 10.
Quartier de l'Arsenal.
Charles Vaudet, publiciste, boulevard Morland, 14 *bis*.
Quartier Notre-Dame.
Ruel, propriétaire, rue de Rivoli, 54

5ᵉ ARRONDISSEMENT.

Quartier Saint-Victor.
Sauton, architecte, rue Soufflot, 24.
Quartier du Jardin-des-Plantes.
Desplas, avocat, rue de l'Arbalète, 34.
Quartier du Val-de-Grâce.
Lampué, propriétaire, boulevard de Port-Royal, 72.
Quartier de la Sorbonne.
André Lefèvre, chimiste, rue de l'École-Polytechnique, 14.

6ᵉ ARRONDISSEMENT.

Quartier de la Monnaie.
Paul Bernier, avocat, rue de Seine, 53.
Quartier de l'Odéon.
Alpy, docteur en droit, avocat à la Cour d'Appel, rue Bonaparte, 68.
Quartier Notre-Dame-des-Champs.
Deville, avocat à la Cour d'Appel, rue du Regard, 12.
Quartier Saint-Germain-des-Prés.
Paul Vivien, avocat à la Cour d'Appel, rue de Vaugirard, 16

7ᵉ ARRONDISSEMENT.

Quartier Saint-Thomas-d'Aquin.
Ambroise RENDU, docteur en droit, avocat à la Cour d'Appel, rue de Lille 36.

Quartier des Invalides.
Roger LAMBELIN, publiciste, rue Saint-Dominique, 30.

Quartier de l'École-Militaire.
Adrien MITHOUARD, homme de lettres, place Saint-François-Xavier, 10.

Quartier du Gros-Caillou.
Arsène LOPIN, publiciste, quai d'Orsay, 105.

8ᵉ ARRONDISSEMENT.

Quartier des Champs-Élysées.
QUENTIN-BAUCHART, avocat et homme de lettres, rue François Iᵉʳ, 31.

Quartier du Faubourg-du-Roule.
CHASSAIGNE-GOYON, docteur en droit, avocat, rue de la Boétie, 110.

Quartier de la Madeleine.
FROMENT-MEURICE, orfèvre, rue d'Anjou, 46.

Quartier de l'Europe.
Louis MILL, avocat, rue de Monceau, 83.

9ᵉ ARRONDISSEMENT.

Quartier Saint-Georges.
Paul ESCUDIER, avocat à la Cour d'Appel, rue Moncey, 20.

Quartier de la Chaussée-d'Antin.
Max VINCENT, avocat à la Cour d'Appel, rue de la Victoire, 58.

Quartier du Faubourg-Montmartre.
CORNET, ancien négociant, rue de Trévise, 6.

Quartier Rochechouart.
Félicien PARIS, avocat, rue Baudin, 31.

10ᵉ ARRONDISSEMENT.

Quartier Saint-Vincent-de-Paul.
Georges VILLAIN, publiciste, rue de Maubeuge, 81.

Quartier de la Porte-Saint-Denis.
HATTAT, négociant, rue de l'Aqueduc, 21.

Quartier de la Porte-Saint-Martin.
N.

Quartier de l'Hôpital-Saint-Louis.
FAILLET, comptable, boulevard de la Villette, 19.

11ᵉ ARRONDISSEMENT.

Quartier de la Folie-Méricourt.
Parisse, ingénieur des arts et manufactures, rue Fontaine-au-Roi, 49.
Quartier Saint-Ambroise.
Gelez, employé, rue du Chemin-Vert, 99.
Quartier de la Roquette.
Fourest, médecin-vétérinaire, avenue Parmentier, 6.
Quartier Sainte-Marguerite.
Chausse, ébéniste, avenue Philippe-Auguste, 64.

12ᵉ ARRONDISSEMENT.

Quartier du Bel-Air.
Marsoulan, fabricant de papiers peints, rue de Paris, 90 (Charenton).
Quartier de Picpus.
John Labusquière, publiciste, rue de Rivoli, 4.
Quartier de Bercy.
Colly, imprimeur, rue Baulant 11.
Quartier des Quinze-Vingts.
Pierre Morel, employé, rue de Charenton, 152.

13ᵉ ARRONDISSEMENT.

Quartier de la Salpêtrière.
Mossot, négociant en vins, rue Lebrun, 11.
Quartier de la Gare.
Navarre, docteur en médecine, avenue des Gobelins, 30.
Quartier de la Maison-Blanche.
Henri Rousselle, commissionnaire en vins, rue Humboldt, 25.
Quartier Croulebarbe.
Alfred Moreau, corroyeur, boulevard Arago, 38.

14ᵉ ARRONDISSEMENT.

Quartier du Montparnasse.
Ranson, représentant de commerce, rue Froidevaux, 6.
Quartier de la Santé.
Henaffe, graveur, rue de la Tombe-Issoire, 36.
Quartier du Petit-Montrouge.
Champoudry, géomètre, rue Sarette, 25.
Quartier de Plaisance.
Pannelier, photographe, avenue du Maine, 76.

15ᵉ ARRONDISSEMENT.

Quartier Saint-Lambert.
Chérioux, entrepreneur de maçonnerie, rue de l'Abbé-Groult, 107.
Quartier Necker.
Chautard, docteur ès-sciences, rue Ollivier de Serres, 47.
Quartier de Grenelle.
Ernest Moreau, forgeron, rue du Théâtre, 150.
Quartier de Javel.
Daniel, modeleur-mécanicien, rue Saint-Charles, 143.

16ᵉ ARRONDISSEMENT.

Quartier d'Auteuil.
Le Breton, ingénieur, rue Chardon-Lagache, 47.
Quartier de la Muette.
Caplain, chaussée de la Muette, 6.
Quartier de la Porte-Dauphine.
Gay, publiciste, rue de la Faisanderie, 26.
Quartier de Chaillot.
Fortin, ancien négociant, rue de l'Université, 107.

17ᵉ ARRONDISSEMENT.

Quartier des Ternes.
Paul Viguier, publiciste, avenue Carnot, 9.
Quartier de la Plaine-Monceau.
Emile Beurdeley, ingénieur, avenue Niel, 86.
Quartier des Batignolles.
Clairin, avocat à la Cour d'Appel, rue de Rome, 133.
Quartier des Épinettes.
Paul Brousse, docteur en médecine, avenue de Clichy, 81.

18ᵉ ARRONDISSEMENT.

Quartier des Grandes-Carrières.
Adrien Veber, avocat à la Cour d'Appel, rue Lepic, 53.
Quartier de Clignancourt.
Le Grandais, publiciste, rue Ordener, 135 *bis*.
Quartier de la Goutte-d'Or.
Breuillé, correcteur d'imprimerie, rue Stephenson, 45.
Quartier de la Chapelle.
Blondeau, charron, rue de la Chapelle, 112.

19ᵉ ARRONDISSEMENT.

Quartier de la Villette.
Vorbe, fondeur, rue Armand-Carrel, 1.
Quartier du Pont-de-Flandre.
Brard, employé, rue de l'Ourcq, 58.
Quartier d'Amérique.
Arthur Rozier, employé, rue des Fêtes, 36.
Quartier du Combat.
Grébauval, homme de lettres, rue de la Villette, 47.

20ᵉ ARRONDISSEMENT.

Quartier de Belleville.
Berthaut, facteur de pianos, rue des Couronnes, 122.
Quartier Saint-Fargeau.
Archain, correcteur typographe, rue Pelleport, 165.
Quartier du Père-Lachaise.
Landrin, ciseleur, rue des Prairies, 81.
Quartier de Charonne.
Patenne, graveur, rue des Pyrénées, 89.

www.ingramcontent.com/pod-product-compliance
Lightning Source LLC
LaVergne TN
LVHW020045090426
835510LV00040B/1421